DE

L'EFFILOCHAGE DES LAINES

SPÉCIALITÉ PAR LE SYSTÈME DU LAVAGE COMPLET

NOTICE

PUBLIÉE

à l'occasion de l'Exposition universelle de Paris 1867

PAR

HENRI GIROUD & C°

EFFILOCHEURS A TULLINS (ISÈRE)

(FRANCE)

PARIS

L. HACHETTE & Ce, BOULEVARD SAINT-GERMAIN, 77

Et dans toutes les principales Librairies de France et de l'Étranger

1867

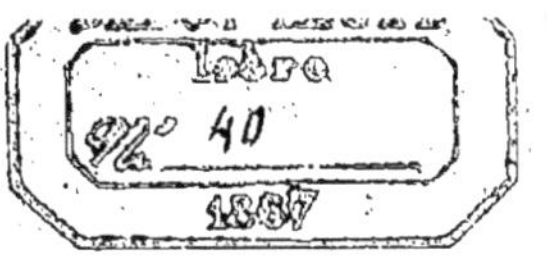

DE

L'EFFILOCHAGE DES LAINES

DE

L'EFFILOCHAGE DES LAINES

SPÉCIALITÉ PAR LE SYSTÈME DU LAVAGE COMPLET

NOTICE

PUBLIÉE

à l'occasion de l'Exposition universelle de Paris 1867

PAR

HENRI GIROUD & Cº

EFFILOCHEURS A TULLINS (ISÈRE)

(FRANCE)

PARIS

L. HACHETTE & Cᵉ, BOULEVARD SAINT-GERMAIN, 77

Et dans toutes les principales Librairies de France et de l'Étranger

1867

De nos jours, grâce à l'immense développement qu'impriment à l'intelligence la vulgarisation de l'instruction et le perfectionnement des études, l'émission des idées a lieu avec une telle rapidité, que leur examen approfondi devient souvent bien difficile même pour les esprits les plus sérieux et les plus réfléchis.

Cet état de choses, qui caractérise notre époque, a pour conséquence directe de laisser dans une fâcheuse obscurité ou de condamner sans les avoir étudiées, des idées essentiellement pratiques, faciles dans leur réalisation et susceptibles de donner des résultats profitables à tous.

En appliquant ce qui précède à l'industrie en général, nous sommes amenés à constater que si bien certaines industries s'affirment elles-mêmes, soit par leur nature, soit par leur ancienneté, d'autres, qui n'ont pas encore reçu cette suprême consécration du temps et d'une longue expérience, ont besoin de se produire par la publicité au grand jour de l'intelligence, et de faire ainsi ressortir leur utilité.

Parmi ces dernières peut se classer l'industrie de l'EFFILOCHAGE DES LAINES.

Qu'il nous soit donc permis, à l'occasion de l'Exposition universelle où nous avons été conviés, d'accompagner, d'une courte Notice, les types que nous y exposons (1). Ce modeste travail n'a d'autre prétention que de jeter quelque lumière sur les graves questions qui se rattachent à notre industrie, jeune encore, il est vrai, mais puissante déjà dans son précoce développement.

Nous sommes certains que tous ceux qui auront bien voulu nous suivre attentivement, se convaincront de son incontestable utilité et reconnaîtront aisément par combien de points l'industrie de l'effilochage touche aux grands intérêts de la Société.

H. G.

Tullins, le 1er avril 1867.

---

(1) Classe 91, galerie des vêtements (groupe 10), secteur VII, Vitrin nº 336.

DE

L'EFFILOCHAGE DES LAINES

CHAPITRE Ier.

DE LA MATIÈRE PREMIÈRE.

L'industrie de l'effilochage a pris naissance en Allemagne; mais elle devait être plus tard éminemment française, car, ainsi que l'a démontré l'expérience, le chiffon de laine, qui en est la matière première, est en France de meilleure et de bien plus belle qualité que partout ailleurs.

On peut en attribuer la cause à la richesse de notre pays et au goût de ses habitants pour la toilette et l'ameublement.

Voici, du reste, un rapide aperçu des différentes provenances. Et ce serait une étude curieuse et intéressante que celle des mœurs et des coutumes d'un peuple d'après le chiffon qui en provient. Mais cela n'entre pas dans le cadre restreint de ce travail et nous voulons nous borner à des développements spéciaux à notre industrie.

Il nous vient très peu de chiffons d'Amérique ; il serait difficile de porter un jugement sur les provenances des pays de l'autre côté de l'Atlantique.

Le chiffon anglais, très rare en laine pure, c'est-à-dire sans mélange de coton, est généralement boueux et humide à cause du climat. Il est, par conséquent, de mauvaise nature et de qualité altérée : aussi l'effilochage anglais achète-t-il beaucoup de chiffons dans les autres pays, en France principalement.

L'Allemagne et l'Autriche, dont les chiffons sont de qualité supérieure aux chiffons anglais, nous en fournissent très peu; la France en exporte, au contraire, de grandes quantités dans ces deux puissances.

La Russie n'offre que du chiffon généralement grossier et terreux. Le peu de soin que l'on apporte à le recueillir, à en juger par l'état dans lequel il nous parvient, démontre que le commerce des chiffons de laine n'a pas acquis un grand développement dans ce vaste empire.

L'Italie fournit passablement de chiffons de laine à la France; il est blanc et propre, mais rapiécé et usé.

L'Espagne, le Maroc, la Turquie et tout l'Orient en recueillent beaucoup ; mais, en général, il est très raccommodé avec du fil de lin et de coton; il est usé, fusé même, on peut le dire.

L'Afrique, qui envoie de grandes quantités de chiffons en France nous offre les mêmes inconvénients, à part cependant les chiffons qui proviennent des principales villes, où le luxe aujourd'hui est aussi développé que dans nos villes de l'intérieur de la France. Le contraste est frappant entre le chiffon provenant du vêtement des Européens et celui des indigènes.

En France, contrairement à ce que nous avons signalé pour les autres provenances, et, sauf quelques exceptions pour les pays montagneux et les moins riches, le chiffon de laine est fin, propre, peu usé, et en abondante quantité, parce que le vêtement de laine pure y est porté de préférence à tout autre.

Nous devons aux mœurs françaises, aux changements fréquents des modes, à la richesse et au luxe, d'avoir du chiffon de laine très fin et très bien conservé. On distingue surtout celui de Paris, Bordeaux, Lyon, Marseille, Toulon et Nice, comme étant presque neuf.

Pour ces diverses causes, ce commerce a pris, en France, une extension considérable, et des soins très appliqués sont donnés à la manipulation du chiffon, ce qui ajoute beaucoup encore à sa valeur première.

Le chiffon de laine, auparavant, n'avait aucune valeur, et sa seule utilité était de servir d'engrais; on s'occupait très peu de le rechercher, de sorte que la plus grande partie se brûlait et se jetait sur les chemins, où elle se perdait en se mêlant aux détritus.

Aujourd'hui l'industrie, la spéculation et les capitaux, qui en sont les auxiliaires, se sont tournés vers lui. On a commencé à le payer un prix très minime d'abord, qui s'est élevé ensuite au fur et à mesure que l'effilochage a pris du développement.

La spéculation ne s'était point trompée, car, grâce au concours que l'on rencontre toujours dans la population quand on est parvenu à lui faire comprendre quelque but d'économie domestique, beaucoup de gens, tout en apportant un profit réel, inconnu jusqu'alors, à chaque foyer, ont trouvé des bénéfices dans l'achat des chiffons de laine.

Nous voulons parler du chiffonnier.

Il y a diverses classes de chiffonniers :

Le BIFFIN ou ramasseur au crochet dans la rue;

Le petit acheteur à la romaine allant de maison en maison ;

Le chiffonnier qui achète de ceux qui précèdent pour séparer la laine de toutes les autres matières;

Le chiffonnier à qui vend ce dernier et qui fait le triage par qualité des étoffes, telles que mérinos, draps, stoffs, serges, articles tricotés, etc., etc., etc.;

Le chiffonnier en gros, chez qui aboutissent tous les autres. Il épure les chiffons en les triant de nouveau et plus complètement ; il les classe non-seulement par qualités, mais encore par nuances, et en extrait toutes les pièces et étoffes étrangères à la laine. C'est celui qui alimente l'effilochage.

Ces différentes classes de chiffonniers constituent

en France un commerce considérable s'élevant à d'énormes chiffres.

L'effilochage, qui a créé l'industrie dont nous venons de parler, à ses divers degrés, touche déjà par ce point à l'économie sociale, et par un côté qui n'est pas des moins intéressants : non-seulement il donne le pain par le travail à beaucoup d'individus jusque-là sans métier et sans moyens d'existence, mais il est encore arrivé à faire surgir de ce milieu, des gens qui ont acquis une certaine aisance, et quelques-uns même de la fortune ; ceux-ci, à leur tour, occupent pour les manipulations du chiffon un nombreux personnel des deux sexes, dont la plus grande partie serait certainement à charge à la société.

L'effilochage se rattache, en cela aussi, à l'économie politique; car, en dehors des catégories dont nous venons de parler, de puissantes maisons se sont établies pour faire ce commerce, et font mouvoir d'importants capitaux ! Est-ce que chacun de ces commerçants, de ces établissements qui n'auraient pas existé sans l'effilochage, n'apporte pas de nouvelles ressources à l'État, qui voit ainsi s'augmenter le revenu des impôts ?

Ces maisons, tout en alimentant l'effilochage français, exportent beaucoup de chiffons à l'étranger, d'où elles en importent aussi ; de là naissent ces échanges internationaux qui constituent également une des branches de l'économie politique.

Parmi les maisons dont nous venons de parler, on peut citer, celles ci-après :

A Paris, MM. Souchay et Louvet;

— Laporte;

— Vandrand;

A Lyon, MM. Goujet et Charpillon;

A Bordeaux, MM. Ariès père, fils et Capdevielle;

— Armaing;

— Bertin et Bardet;

A Angers, M. Ménassade;

A Marseille, MM. Lozes frères.

Nous n'avons parlé du chiffon et du chiffonnier qu'en vue de l'effilochage et comme en dérivant.

Nous arrivons maintenant à l'industrie elle-même dont nous ferons précéder la description technique de quelques considérations générales.

CHAPITRE II.

DE L'EFFILOCHAGE.

Cette industrie a été introduite en France vers la période de 1835 à 1840.

Il semblait, dès le principe, qu'elle ne dût jamais avoir grande importance, pour diverses raisons :

— D'abord, devait-on trouver toujours et suffisamment la matière première, c'est-à-dire le chiffon-laine pour son alimentation ?

— Arriverait-on à effilocher assez bien pour que cette laine pût remplir un rôle satisfaisant dans la fabrication des draps ?

— Trouverait-on dans son emploi des principes réels d'économie ?

— Sa consommation obtiendrait-elle assez de faveur pour faire de l'effilochage une industrie sérieuse ?

Examinons ces différentes questions.

I.

Il n'était pas possible, en effet, de prévoir, dès le début, d'une manière certaine l'influence que la spéculation produirait à cet égard sur la podulation. Aujourd'hui toute incertitude a cessé et la question est résolue. Le chiffon de laine est soigneusement recueilli, et il en est livré au commerce de telles quantités, que cette matière, non utilisée et sans valeur avant l'effilochage, est maintenant une récolte de chaque instant dans tous les pays, et s'élève au chiffre de plusieurs centaines de mille kilogrammes par jour, ce qui suffit à la consommation.

II.

Comme toutes les industries à leur début, l'effilochage a entraîné beaucoup de tâtonnements dans la construction des machines, dans l'outillage et la main-d'œuvre, pour parvenir à bien effilocher le chiffon; et si après de laborieux efforts et des phases diverses on est enfin arrivé au résultat désiré, comme on peut en juger par les types que nous avons envoyé à l'Exposition universelle de **1867**, ce n'a été que par de nombreux sacrifices en multipliant de coûteuses expériences, et en modifiant et perfectionnant sans cesse notre main-d'œuvre et notre outillage.

III.

L'économie qui résulte pour les fabricants, de l'emploi de la laine effilochée est non-seulement réelle, mais immense; aussi, toute la fabrication, en général, l'a-t-elle compris et emploie-t-elle cette laine avec grand succès; on peut même affirmer qu'elle lui est devenue indispensable et qu'elle est une source de prospérité et de richesse pour ces grands centres manufacturiers dont la réputation est européenne.

Ne peut-on pas rappeler de quelle ressource a été l'effilochage pour la draperie, pour les fabricants de couvertures, de chaussons, de bonneterie, etc., à l'époque de la dernière et si longue guerre d'Amérique, alors que, le coton manquant absolument, beaucoup de fabriques n'ont pu continuer à produire que grâce à notre industrie ?

Comme conséquence de l'absence de coton, toutes les autres matières premières servant à la confection des vêtements, la laine mère, le chanvre, le lin, etc., avaient atteint des prix excessifs ; et au manque de coton était venu encore se joindre la maladie du ver à soie, qui nous privait de ce riche et si utile produit.

Aussi, se demande-t-on comment, sans l'effilochage, on se serait vêtu ; de nos jours surtout où la mode et l'usage imposent, même aux plus modestes et aux plus simples, l'obligation de renouveler souvent leurs vêtements.

Ainsi nos manufactures de draperie ont fait non-seulement face à la crise, mais encore la consommation si répandue du vêtement de laine n'a presque pas eu à en souffrir.

Quel bienfait, dès lors, pour la quantité innombrable de négociants, confectionneurs, etc., qu'intéressait cette grave question !...

Que de capitaux mobilisés, que de bras occupés, qui auraient chômé si longtemps !...

Et, en ce qui concerne la santé publique, avons-nous besoin de faire ressortir ce que l'usage du vêtement de laine a de salutaire, aujourd'hui que les changements climatériques sont si subits, si fréquents, si dangereux?

Le prix des laines-mères s'est constamment maintenu à un cours très élevé et par le fait de la disproportion existante entre les quantités récoltées et les besoins si considérables de notre époque, elle aurait été évidemment insuffisante, si l'industrie de l'effilochage ne lui était venue en aide. Cet état sera permanent, parce que le vêtement de laine, livré à des prix abordables pour tous, est passé désormais en usage chez nos populations.

Ce vêtement est, comme nous venons de le dire, hygiénique. Il est riche et de fort bon goût dans la mise. Aussi l'a-t-on vu se vulgariser à mesure que les peuples (le peuple français surtout), se sont instruits et ont augmenté leur bien-être. Tous le portent, l'opulent et le riche, l'artisan et l'ouvrier, depuis que l'industrie de l'effilochage a contribué si puissamment à le mettre à la portée de chacun.

« Le vêtement, a dit un grand économiste, a

» deux usages, tous deux inhérents à l'objet avec » une distinction particulière. L'un est l'usage » naturel, l'autre est l'usage artificiel. Ainsi, l'usage » naturel est de vêtir; son usage artificiel est de » servir à l'échange. »

Un autre économiste a dit aussi que « la for- » tune d'un pays consiste surtout dans le numé- » raire, qui est l'équivalent ordinaire donné en » échange de la marchandise. »

De sorte que si l'on fabrique les étoffes avec du coton, on importe de la matière première contre laquelle on échange le numéraire du pays.

Si au contraire on fabrique les étoffes avec la laine effilochée, produit éminemment français, l'échange a lieu sans sortir le numéraire du pays; et en exportant lesdites matières, soit en nature, soit en étoffes, nous attirons chez nous le numéraire étranger, ce qui augmente la fortune de la France: c'est là encore un grand résultat d'économie politique dû à notre industrie.

IV.

Nous avons déjà touché à ce point dans le précédent, où il est suffisamment prouvé que la faveur qu'a obtenue et obtiendra de plus en plus la laine effilochée, est remarquable!

Aussi d'importants capitaux se sont-ils engagés dans cette industrie, qui s'est grandement développée et représente aujourd'hui des chiffres très élevés de production.

Nous pouvons donc dire, en résumant l'examen que nous venons de faire des quatre propositions touchant à la vitalité et à l'avenir de notre industrie:

— L'effilochage est reconnu de toute utilité. On peut même le dire hautement, il est *indispensable!*

— Il peut trouver à s'alimenter largement.

— Il est arrivé à un tel perfectionnement, que la laine effilochée se confond avec la laine-mère.

— L'avantage et l'économie pour le fabricant de drap à en faire l'emploi sont amplement et incontestablement démontrés par les résultats. Et la consommation desdites laines a conquis une si grande faveur, qu'elle a surpassé toutes les prévisions et toutes les espérances.

CHAPITRE III.

DE LA FABRICATION.

MAIN-D'ŒUVRE.

Nous avons dit, dans notre premier chapitre, jusqu'à quel degré le chiffonnier prépare le chiffon de laine.

Son travail étant généralement imparfait, l'effilocheur est obligé de le revoir de nouveau. Il lui fait subir alors les opérations suivantes.

Déchiffrage.

Cette manipulation du chiffon est ainsi appelée parce que, en subdivisant les qualités, qui ont chacune une valeur différente, elle permet à l'effilocheur de se rendre exactement compte de ses achats.

Le déchiffrage consiste à classer les chiffons par qualités, c'est-à-dire à mettre les diverses sortes à part les unes des autres.

Dans ce même travail, on classe aussi les qualités par nuances, pour les articles tricotés surtout. Ainsi l'on sépare les blancs, les noirs, les burels ou marrons, les beiges, les bleus, etc., etc.

Pour les tissus ou étoffes, cette séparation des nuances ne se fait guère qu'au *classage*, opération dont nous parlerons un peu plus loin.

Délissage ou découpage.

Quand l'opération du déchiffrage est terminée, on découpe ou délisse le chiffon, c'est-à-dire, on enlève toutes les coutures et raccommodages qui y restent et qui sont faits avec du fil étranger à la laine.

C'est dans cette opération que le chiffon subit le plus de déchet: on peut l'évaluer en moyenne au 20 %.

La main-d'œuvre pour ce travail est aussi très coûteuse.

Le déchet qui en résulte se vend à l'agriculture pour servir d'engrais : il est appelé *déchet engrais*, et est fort recherché par les agriculteurs du midi de la France pour la fumure des vignes.

Classage.

Le classage consiste à choisir le chiffon par degré de finesse et à mettre chaque nuance à part ; elles sont, comme on le comprend, fort variées, dans les étoffes surtout.

Ce travail est long et minutieux ; on ne le confie qu'aux meilleures ouvrières ; la main-d'œuvre en est très chère, et on y subit un nouveau déchet de 6 % environ, parce que cette opération perfectionne et complète toutes les précédentes.

Les chiffons ainsi déchiffrés, délissés et classés, sont prêts alors à passer aux machines pour être transformés en laine.

Ces trois manipulations peuvent être plus ou moins bien soignées, plus ou moins bien finies, mais sont invariablement faites par tous les effilocheurs, car elles sont préliminaires et indispensables.

Si nous ne voulions nous borner à un simple exposé de notre industrie, nous pourrions entrer dans beaucoup de détails concernant les différentes manières d'opérer des principales maisons d'effilochage; nous parlerions de la variété infinie des nuances que l'on collationne, des chiffons qui exigent plus ou moins de soins et d'habileté pour arriver à cette perfection à laquelle doit tendre toute maison sérieuse et consciencieuse; mais nous sortirions du cadre que nous nous sommes tracé.

OPÉRATION MÉCANIQUE.

DES DIFFÉRENTS SYSTÈMES DE MACHINES A EFFILOCHER.

Beaucoup de mécaniciens constructeurs ont établi des machines à effilocher, chacun d'eux ayant son système particulier.

Grand nombre d'effilocheurs ont, eux-mêmes, construit leurs machines à leur gré; quelques-uns ont divulgué leur système, d'autres en ont fait un secret.

Le problème à résoudre était d'arriver à produire, avec le chiffon, par un moyen mécanique, de la laine très-ouverte et très longue; il fallait, en un mot, la ramener autant que possible à son état primitif. Ce problème qui a nécessité bien des recherches, coûté beaucoup de sacrifices, causé bien des ruines même, est enfin résolu, comme on peut en juger par les types de fabrication que nous exposons.

Par une réserve que l'on comprendra, nous ne dirons rien des systèmes de machines particuliers aux effilocheurs, quoique nous en connaissions bon nombre, dont quelques-uns ont fait faire des progrès réels à notre industrie; mais nous pourrons citer ceux des mécaniciens constructeurs qui en font leur métier et, à qui l'on doit, selon nous, d'importantes améliorations.

Parmi eux nous devons mettre au premier rang M. Busson, ingénieur mécanicien, à Paris; car c'est à ce chercheur infatigable que l'on doit les machines à effilocher à cuvette avec alimentaire en caoutchouc. C'est à son talent, à ses efforts persévérants, que l'on peut attribuer en partie les plus grands progrès accomplis.

Il est vrai que, mieux que beaucoup d'autres, il pouvait arriver au perfectionnement dans l'établissement des machines à effilocher, parce qu'il avait été effilocheur lui-même et n'avait reculé devant aucun sacrifice pour ouvrir l'avenir à cette industrie.

Nous pouvons parler de M. Busson, parce que nous l'avons suivi dans ses travaux et avons pu, par conséquent, apprécier tous ses mérites.

Nous le faisons avec d'autant plus de plaisir qu'il a le premier préconisé le *système d'effilochage par le lavage complet,* système qui est le nôtre et qui doit être un jour le seul adopté!!

C'est avec les machines Busson que nous avons fait nos premières épreuves, et, si aujourd'hui nous ne nous en servons plus, ç'a été pour les remplacer par un système qui nous est particulier, répondant mieux à notre production abondante et à notre fabrication exclusive par le lavage complet.

Les machines faites par M. Bertier, de Paris, méritent aussi des éloges. On en obtenait surtout de bons résultats pour l'effilochage des étoffes de coton, qui a été pratiqué avantageusement par plusieurs maisons lors de la rareté de cette matière, mais qui n'a guère de raison d'être aujourd'hui que les arrivages de coton ont repris leur cours. Cette industrie n'a donc été qu'éphémère, contrairement à l'effilochage de laine, qui est établi pour toujours.... car on ne recueille pas la laine à volonté comme on peut le faire du coton, qui est une récolte, pour ainsi dire, illimitée. Puis, au point de vue économique, le résultat de l'effilochage du coton serait nul, sinon préjudiciable, puisqu'il vivrait au détriment d'autres industries, de la papeterie surtout.

Nous avons éprouvé également les machines construites par M. Marty, mécanicien à Vienne (Isère) ; elles donnent des résultats satisfaisants.

Les machines qui conviennent le mieux, à notre avis, pour le lavage complet et l'abondante fabrication, et qui sont généralement employées par les effilocheurs du bassin de l'Isère, sortent, pour la plupart, des ateliers de M. Thomasset et de MM. Raydet frères, mécaniciens-constructeurs, à Fures, près Tullins (Isère). Ces mécaniciens, sans pouvoir s'attribuer le mérite de l'invention (car ce mérite revient plutôt aux effilocheurs eux-mêmes), se sont appliqués, le premier surtout, à en faire leur spécialité. On leur doit quelques perfectionnements et une partie des résultats obtenus.

Nous avons pu apprécier aussi des machines à effilocher de construction anglaise. Elles ne laissent rien à désirer quant au fini de la machine elle-même, et effilochent parfaitement surtout les draps et autres articles par le système huilé. Nous avons seulement à reprocher à leurs constructeurs de sacrifier l'économie du prix de revient et la solidité, à l'élégance, inconvénients assez graves, selon nous.

CHAPITRE IV.

DU SYSTÈME D'EFFILOCHAGE PAR LE LAVAGE COMPLET.

Sa description. — Sa supériorité sur tous les autres systèmes.

Comme nous l'avons dit plus haut, le problème à résoudre dans l'effilochage était de produire, avec le chiffon, de la laine se rapprochant le plus possible de la *laine-mère*.

Le système par le lavage complet, dont nous avons fait notre spécialité, est le seul qui ait pu et qui ait *voulu* approcher du résultat cherché.

Dans notre industrie, autant et plus que dans toutes autres, il y a diverses sortes de producteurs:

D'abord celui qui n'a en vue que la spéculation rapide, immédiate, avide et qui n'obtient son égoïste satisfaction qu'au détriment de la qualité des produits, compromettant ainsi l'industrie dont il devient le parasite;

Puis le producteur qui travaille sans cesse à inventer et perfectionner en vue du progrès, y sacrifiant sa fortune et son existence entières, et n'ayant, le plus souvent, pour fruits de ses recherches et de ses travaux, que de décourageantes déceptions. Rendons témoignage en passant à ces hommes désintéressés si utiles à la Société et qui, les yeux fixés sur leur but, poursuivent sans relâche leur généreuse mission.

Vient ensuite le producteur éclairé, laborieux, consciencieux et bon administrateur, cherchant, avec le progrès constant et une régulière impulsion à donner à son industrie, le lucre qui en assure l'avenir et la prospérité.

Nous disons, dans le cours de cette Notice, que l'industrie de l'effilochage n'a prospéré que très lentement et en traversant des phases diverses.

Nous disons aussi que son succès dépendait, entre autres raisons, de l'économie réelle que trouverait le consommateur à employer les laines effilochées; entraînant comme conséquence une consommation de nature à en faire une industrie sérieuse et importante.

De même que nous l'avons dit de la population entière, saisissant avec empressement toutes les propositions de l'économie domestique qui lui sont présentées d'une manière claire et certaine, de même, et à plus forte raison, les manufacturiers qui emploient la laine dans leur fabrication, se sont empressés d'accueillir une source d'économie qui leur était offerte par l'effilochage.

Malheureusement ils n'ont pas tardé à s'apercevoir qu'ils avaient à compter avec la classe de producteurs dont nous venons de parler, et que nous traitions de parasites parce qu'ils ne travaillent qu'en vue de leurs égoïstes spéculations, au risque même de détruire l'industrie qu'ils exploitent.

Aussi, ne trouvant pas, dans l'emploi de la laine effilochée, l'économie sur laquelle ils comptaient, et constatant au contraire la mauvaise qualité de la matière, les consommateurs y renonçaient désespérant de pouvoir l'employer jamais!...

Heureusement que, pour contrebalancer d'aussi fâcheux résulats, il s'est trouvé les deux autres classes de producteurs, c'est-à-dire le chercheur, l'inventeur infatigable; puis l'effilocheur intelligent, ayant pour ambition de faire prospérer son industrie, tout en la rendant productive, et arrivant à ce double résultat par le perfectionnement dû à de laborieux travaux.

C'est à ces deux classes et principalement à la dernière, que revient le mérite des progrès qu'a fait l'effilochage des laines, et aussi de la faveur inespérée dont jouit cette industrie, devenue aujourd'hui de premier ordre, eu égard aux immenses capitaux qu'elle met en mouvement.

Ce qui est à considérer surtout, c'est le grand nombre de bras qu'elle occupe, et, par conséquent, le bien-être qu'elle répand dans la population par le salaire qu'elle y déverse.

Pour être aussi succinct que possible, nous nous bornerons à citer quelques chiffres qui ne manquent pas d'éloquence :

Le chiffon de laine, qui est acheté en première main, c'est-à-dire à domicile à 0 fr. 25 c. le kilog., arrive aux mains de l'effilocheur à raison de 1 fr., en moyenne, le kilog.

En faisant une large part au déchet que subit le chiffon dans ses diverses transformations, aussi bien qu'aux spéculations dont il est l'objet, on peut, sans erreur, attribuer aux manipulations le tiers de la valeur qu'il a prise du premier achat à la vente qui en est faite à l'effilocheur.

Ce dernier, comme nous l'avons dit, lui appliquant ensuite une nouvelle main-d'œuvre, le prix moyen s'élève à 1 fr. 60 c. environ le kilog. Là, encore, la part des déchets faite, la main-d'œuvre y joue le principal rôle dans la plus-value.

L'opération mécanique, qui porte ensuite en moyenne à 2 fr. 10 c. environ le prix de la laine effilochée, comporte encore un travail manuel fait par des ouvriers.

Si, comme nous l'avons dit, l'effilochage de laine consomme par jour, en Europe, des centaines de mille kilog. de chiffons, et que nous ayons suffisamment fait comprendre les opérations successives et multipliées que nécessite cette matière, on arrive aux chiffres suivants :

Il y aurait à peu près une personne occupée

par 5 kilog. de chiffons effilochés, ce qui explique comment il se fait que des populations entières sont occupées en Europe à l'effilochage.

Si ensuite on déduit de la valeur de la laine effilochée la part qu'y a prise la main-d'œuvre, on verra que le prix de chaque journée est d'environ 1 fr. 25 c. par personne.

En admettant que la production de cette laine arrive, en France, comme nous sommes fondés à l'avancer, à 30,000 kilog. par jour, la quantité de chiffons manipulés en vue de cette production, soit par les chiffonniers, soit par les effilocheurs eux-mêmes, arrive à 100,000 kilog. par jour. Les mêmes marchandises exigeant diverses manipulations, nous trouvons un total de vingt mille personnes occupées, qui reçoivent, en moyenne, 1 fr. 25 c. chacune, et nous arrivons au chiffre de 25,000 fr., versé quotidiennement dans la population ouvrière française par l'effilochage ou les industries qui en dérivent, soit 7,500,000 fr. par année de 300 jours de travail.

Que l'on ne nous accuse pas de superfétation en établissant ces calculs, car il faut bien remarquer que ce que nous cherchons à faire ressortir, c'est l'importance des salaires mathématiquement établie.

Il est bon d'ajouter que, à part le travail du classage, qui ne peut être fait que par des adultes, les autres manipulations peuvent être confiées à des personnes de tout âge et même à des infirmes.

Passant du raisonnement à la pratique, nous allons donner la description des divers systèmes d'effilochage et faire ressortir la valeur si supérieure du *système par le lavage complet.*

Les systèmes les plus répandus sont au nombre de quatre :

Premier système. — Laine effilochée, non lavée, non cardée.

Deuxième système. — Laine non lavée et cardée à sec.

Troisième système. — Laine effilochée, non lavée, huilée et cardée.

Quatrième système (qui est le nôtre). — Laine effilochée, complétement lavée, non huilée et non cardée.

Le premier système consiste à humecter simplement le chiffon avant de le faire passer aux machines, et de livrer la laine à la vente, sans lui faire subir aucun lavage.

Ce système est loin d'être bon pour l'acheteur, puisque cette laine conserve à peu près toute la poussière qui existait encore dans le chiffon avant d'être effiloché, ce qui occasionne un déchet considérable aux fabricants qui l'emploient.

Mais il faut dire que si cet effilochage n'est pas avantageux pour l'acheteur, il ne l'est guère non plus pour le producteur, car il est peu engageant à la vente; aussi n'est-il estimé et prisé qu'en conséquence. Ce système ne peut subsister et disparaît de jour en jour.

Le deuxième système s'applique de la même manière que le précédent, avec un travail de plus fait par la carde, ce qui améliore un peu la laine en détruisant une partie de la poussière, laissée en si grande quantité par le premier système.

Ce travail de la carde rend aussi le produit d'une vente plus facile. Mais comme il est encore très imparfait, ne pouvant satisfaire ni le producteur, ni le consommateur, ce deuxième système doit aussi subir et subit déjà le sort du premier.

Le troisième est de tous à peu près le plus répandu, pour deux raisons péremptoires :

D'une part, il facilite la spéculation du producteur avide dont nous avons parlé, en ce sens qu'il conserve à la laine toute la poussière dont elle est imprégnée. L'huile qui y est employée (et qui est à peu près toujours moins chère que la laine) fixe mieux encore cette poussière et augmente, par son poids, le détriment causé à l'acheteur.

Ce système de laine huilée et cardée facilite aussi beaucoup le mélange des qualités inférieures avec les belles qualités, que fondent, allongent et mêlent parfaitement bien l'huile et la carde.

La deuxième raison, qui a valu à ce système la faveur dont il a joui jusqu'à notre époque, est que la laine effilochée, huilée et cardée, quoique très défectueuse en réalité, présente à la vente de belles apparences d'autant plus dangereuses pour l'acheteur.

Si nous luttons contre ce système au lieu de l'adopter, comme il semblerait que nous aurions intérêt à le faire, c'est que nous aimons notre industrie et que nous sommes de ceux qui, tout en aspirant au légitime bénéfice du négociant, font passer avant tout les grands intérêts de la fabrication et travaillent sans cesse à en assurer l'avenir. Nous sommes persuadés que ce système porte en lui des imperfections et des vices très grands, de nature à paralyser beaucoup le progrès par les déceptions que doivent éprouver les consommateurs dans l'emploi de ses produits.

Le quatrième système, *par le lavage complet*, qui est celui dont nous exposons cette année des types, consiste à mouiller d'abord abondamment le chiffon avant de l'effilocher. Nos machines, toutes en fonte et en fer, solidement établies sur de gros blocs de pierre, marchent avec une très grande vitesse, ce qu'il n'est pas puéril d'apprendre au consommateur, car, par la grande vitesse dans le deffilochage du chiffon, on est assuré que la laine a beaucoup plus de solidité et de corps, parce que toute la partie usée se fait justice à elle-même et tombe en déchet dans cette opération, premier et très grand avantage à employer les laines provenant de notre système.

La machine projette la laine effilochée dans une eau courante qui l'entraîne dans un lavoir mécanique, où elle subit un lavage, qui est d'autant plus radical que les brins de laine, parfaitement séparés par la machine, tombent immédiatement dans l'eau.

Du lavoir, la laine se rend dans un bassin où elle est encore soigneusement lavée une seconde fois. En sortant de ce bassin, elle est mise dans une *essoreuse* où s'écoule la plus grande partie de l'eau qu'elle contient. Cette opération contribue beaucoup à détruire complétement tous les brins de laine usés qui auraient résisté aux opérations que nous venons de décrire; car l'essoreuse, tournant aussi avec une très grande vitesse, et projetant par la force centrifuge la laine contre ses parois, finit de briser les filaments altérés et qui ne conserveraient pas toute leur force.

Ce qui précède est d'une très grande importance, nous ne saurions assez le répéter, car, qu'on veuille bien le remarquer, indépendamment du grand nombre de vêtements et d'objets que le luxe renouvelle si rapidement et avant même toute usure, la plupart des tissus et autres articles de laine servant à la toilette et à l'ameublement présentent de larges portions qui n'ont subi, en quelque sorte, aucune altération; tels sont la partie supérieure des bas, les jupes de robes, les pans d'habits, les manteaux, châles, cache-nez, coiffures, tricotages, etc., etc., les tapis, rideaux, couvertures et articles en haute laine, etc., etc., etc.

Nous répondons donc ainsi victorieusement à la seule objection sérieuse qui soit faite à l'effilochage: Comment, avec des laines ayant déjà subi un usage peut-on obtenir une nouvelle étoffe de belle et bonne qualité?

La laine est ensuite séchée complétement, soit au soleil, soit dans des séchoirs à air chaud.

On conçoit aisément que tout avantage et toute

sécurité, spéculativement parlant, sont assurés au consommateur dans l'emploi de notre système, relativement à ce que lui offrent les autres.

Et si le système *par le lavage complet* n'est pas déjà exclusivement et universellement employé, comme il est appelé à l'être un jour, c'est que, d'une part, des résultats décisifs ne sont obtenus que depuis peu de temps encore; que, d'autre part, les déchets et les frais pour arriver à ses résultats, élevaient la marchandise ainsi effilochée à une valeur qui ne pouvait être appréciée que par les acheteurs compétents ou en ayant fait l'essai.

Il fallait donc arriver à leur faire faire cette première épreuve. Pour cela, l'effilocheur a dû s'imposer des sacrifices sur la vente de ses marchandises afin d'en faire estimer toute la valeur par le consommateur. Mais aussi pouvons-nous assurer qu'une fois l'essai fait, les fabricants éclairés n'en veulent pas d'autre.

Et, en effet, que doit rechercher le fabricant de drap, le bonnetier, le couverturier, etc.? C'est d'avoir une laine longue, nerveuse et propre, se rapprochant le plus possible de la laine première.

Ce n'est, nous le répétons, que dans notre système qu'il rencontrera ces conditions.

Puis, si le fabricant doit huiler la laine, la mêler, la carder, ne vaut-il pas mieux qu'il le fasse lui-même à son gré et en temps opportun.

N'entre-t-il pas très souvent aussi dans les spéculations du fabricant de faire des achats de laine assez longtemps à l'avance, afin d'être suffisamment approvisionné quand lui arrivent des commandes?

Avec notre système seul, il peut, dans ce cas, opérer avantageusement, car la laine effilochée non lavée ne peut se conserver longtemps emballée sans se détériorer, et si non-seulement la laine n'est pas lavée, mais que, par surcroît, elle soit huilée et cardée, elle peut être détruite complétement par la coagulation et la décomposition de l'huile, qui a lieu très rapidement, surtout quand cette huile est imprégnée de poussière.

Ainsi, il est bien établi que la laine effilochée LAVÉE est la seule qui remplisse les conditions indispensables à une bonne fabrication; c'est donc vers ce système que doivent graviter producteurs et consommateurs.

L'effilochage du chiffon neuf peut seul être exempté du lavage. Si nous en parlons ici, c'est afin de le réduire à sa véritable importance pour le cas où on nous l'objecterait, car il ne peut être mis en ligne de compte. D'abord, parce que le côté essentiel de l'effilochage est la production d'une matière première à bon marché, et que, par l'effilochage des étoffes neuves, on manque ce but essentiel, ne pouvant obtenir le chiffon neuf qu'à un prix relativement très élevé.

Il est aussi, on le comprendra, presque insignifiant en quantités, par rapport au chiffon vieux ; puis, effiloché un peu par tous, il n'est du système particulier d'aucun.

Il ne peut donc changer en rien notre proposition et notre prétention de soutenir que l'*effilochage par le lavage complet* est le seul qui ait opéré une révolution radicale dans notre industrie.

Il est le seul qui lui ait fait faire un immense progrès ; le seul qui ait rendu la laine effilochée d'une utilité indispensable à la fabrication du drap, aux bonnetiers, aux couverturiers, etc. ; le seul produisant de la laine à laquelle le fabricant puisse appliquer, sans crainte, ni déception aucune, toutes les opérations telles que, cardage, foulage, teinture, etc.

Seul, il produit de la laine sur laquelle le fabricant peut spéculer en s'en approvisionnant à l'avance, parce que c'est l'unique système qui permet de la conserver un temps indéfini.

Donc, les seuls produits effilochés que les consommateurs doivent définitivement et universellement employer dans leur fabrication, sont ceux provenant du *Système par le lavage complet.*

RÉSUMÉ.

Oui, comme nous croyons l'avoir démontré dans cette Notice, l'effilochage des laines est réellement un bienfait pour la Société ; il a fait surgir un capital immense, un capital qui était perdu pour tous, provenant d'une récolte faite en grande partie en France, et, par conséquent, ajoutant à la fortune de notre beau pays ; et que l'on ne nous dise pas que ce capital est pris au détriment de quelque autre industrie ou même de l'agriculture....., il n'en est rien ; on n'avait pas encore songé à utiliser le chiffon de laine ; l'agriculture seule l'employait ; mais il est suffisamment démontré que les déchets qui sont faits aujourd'hui par l'effilochage et qu'il livre à l'agriculture, dépassent les quantités employées auparavant, eu égard à l'immense développement de notre industrie.

Oui, l'effilochage a mis le vêtement de laine à la portée de tous et en a vulgarisé l'emploi au profit de la santé publique et du bon goût.

Oui, il a apporté réellement sa part à l'économie domestique, puisque le chiffon de laine est le produit de chaque foyer, qui en retire aujourd'hui une valeur jusque-là ignorée.

Oui, il joue un grand rôle dans l'économie sociale par les importants capitaux qu'il déplace, dont il déverse une grande partie dans le commerce et la classe ouvrière, donnant à l'un la prospérité par les facilités qu'il apporte, par la modicité des prix dans la draperie, les tissus et les tricotages en laine; et donnant à l'autre le bien-être par les riches salaires qu'il lui procure.

Oui, l'effilochage est une branche de l'économie politique, car il comporte en lui-même deux usages : l'usage premier et essentiel, puisqu'il s'emploie à fabriquer nos vêtements ; et l'usage artificiel, puisqu'il sert à l'échange.

Les positions commerciales de tous degrés, les usines considérables, les établissements, les ateliers, etc., que notre industrie a créés, ont nécessairement augmenté les recettes des États; et pour la France, principalement, l'effilochage de laine est d'une grande valeur; car, outre les revenus dont nous parlons, il s'exporte beaucoup à l'étranger et augmente ainsi l'importation du numéraire.

L'exportation de ses chiffons de laine, destinés à l'effilochage étranger, ne doit pas être indifférent à la France. Mais, combien plus grand est son intérêt à ce que les chiffons soient effilochés d'abord, pour être ensuite exportés; ou mieux encore, que la laine effilochée soit tissée en France, pour être ensuite livrée en étoffe dans les autres puissances!

Comme nous nous sommes attachés à le faire dans tout le cours de cette Notice, où nous nous appuyons sur des faits, nous tenons à terminer par une conclusion essentiellement pratique et basée sur de graves actualités.

Si l'utilité de l'effilochage s'est démontrée d'une

manière aussi absolue lorsque l'Amérique nous privait de ses cotons, ne s'impose-t-elle pas encore aujourd'hui au sujet de ces mêmes États d'Amérique, qui viennent d'élever leurs droits protecteurs dans de telles proportions qu'ils opposent à l'importation des produits européens une infranchissable barrière.

En présence d'un état de choses si funeste à ses intérêts, que fera l'industrie européenne, et particulièrement l'industrie française ? Elle réalisera ce difficile problème qui consiste à produire à bon marché, sans altérer la qualité.

En ce qui concerne la fabrication des tissus et de tous les articles de laine, comment y arriver? En employant des laines effilochées, non par ces systèmes vicieux que condamme journellement l'expérience, mais bien par le système si rationnel du *lavage complet.*

TABLEAU

DES

TYPES PAR NOUS EXPOSÉS

A l'Exposition universelle de 1867

CLASSE 91

SECTEUR VII

GALERIE DES VÊTEMENTS (GROUPE 10)

VITRINE N° 336

NUMÉROS.	QUALITÉS.	PRIX.		NUMÉROS.	QUALITÉS.	PRIX.	
1	Bas fins blancs 1re.	3f	75	24	Mérinos clair vieux.	2f	75
2	— — 2e	2	75	25	— — neuf.	3	50
3	— noirs.	2	10	26	— rouge neuf.	3	50
4	— rosés.	2	25	27	Flanell. couleur neuve	4	»
5	Tricot blanc 1re.	3	»	28	— blanche neuve.	6	»
6	— — 2e.	2	25	29	— — vieille.	4	»
7	— noir.	1	50	30	Cache-nez mérinos.	3	50
8	— bleu.	2	75	31	— bleutés.	1	70
9	— burel.	1	60	32	— bleutés gris argt.	2	25
10	— beige.	1	50	33	— noisette.	2	»
11	— bleuté.	1	75	34	— couleur.	1	75
12	— couleur.	1	25	35	Couvertures blanches	1	50
13	Stoff noir.	1	25	36	Drap noir.	1	25
14	— clair.	1	25	37	Escot rouge.	1	75
15	— burel.	1	50	38	Serge escot noire.	1	10
16	— bleu.	2	»	39	Serge verte.	1	»
17	— rouge.	2	»	40	Chaussons.	»	80
18	— couleur.	»	75	41	Limousine claire.	»	70
19	Mérinos noir.	2	75	42	Chaine coton.	»	40
20	— burel.	2	75	43	Mérinos violet.	4	»
21	— bleu	3	50	44	— rouge vieux.	3	»
22	— lie de vin.	3	»	45	— vert.	2	40
23	— couleur.	2	50	46	Tricot bleu 2e.	2	»

TABLE.

ANNÉE
GRENOBLE. — IMP. F. ALLIER PÈRE ET FILS,
GRAND'RUE, 8.
1867.

www.ingramcontent.com/pod-product-compliance
Ingram Content Group UK Ltd.
Pitfield, Milton Keynes, MK11 3LW, UK
UKHW020350250726
13967UKWH00005B/2203